AF279554

Finn-Lennart Koglin

Hinaus in die Welt

Gedichte

Impressum

Texte: © 2022 Copyright by Finn-Lennart
Koglin
Umschlag: © 2022 Copyright by Sina Koglin
Zeichnungen: © 2022 Copyright by Sina Koglin

Verantwortlich
für den Inhalt: Finn-Lennart Koglin

finnlennartspace@gmail.com
Instagram: finn_lennart

Herstellung
und Verlag: BoD – Books on Demand, Norderstedt
ISBN: 9783756818686

Finn-Lennart Koglin

Hinaus
in die Welt

Gedichte

Für alle die kämpfen
Mit Stift und Papier
Dem Geist und auch der Seel' zuliebe
Schreib ich hier

Inhaltsverzeichnis

Vorwort

Wenn mich jemand fragt, warum ich in meiner Freizeit Gedichte schreibe, antworte ich am liebsten: „Beim Dichten hat das Grübeln einen Sinn" – Und außerdem erlaubt es mir, meine Emotionen auszudrücken und loszulassen. Denn wenn mich etwas umtreibt und ich mir sowieso darüber den Kopf zerbreche, hilft mir das Dichten, einen anderen Blickwinkel zu bekommen und durch das Vollenden eines Gedichts mit einem Gedanken abzuschließen, ein Gefühl zu akzeptieren. Beide sind so, vereint, ja entschlüsselt und in ihrer Form viel klarer, leichter einzuordnen, abzulegen und beizeiten wiederzuerkennen.

Außerdem habe ich dadurch etwas geschaffen. Ein Beweis für die Arbeit des Geistes, aufgeschrieben auf Papier. Und all die Mühe des Denkens wird zur Kunst.

Die Kunst bietet uns so viele Wege, um sich mit Themen auseinanderzusetzen, die einen beschäftigen. Dabei ist die Kunst nicht nur denen ein Helfer, die es wagen, sich selbst, als Künstler zu bezeichnen, sondern:

„Kunst entsteht dort wo ein offener Geist, seiner Seele erlaubt, durch den Körper zu spielen... zu lachen und zu weinen, ohne jede Scham."

Egal, ob wir es danach für uns behalten, der Welt offenbaren oder doch lieber wieder vernichten.

Nach langer Zeit des für mich Behaltens, habe ich mich für diesen Weg entschieden, den Weg „Hinaus in die Welt“. Ich möchte inspirieren, bewegen und Gespräche über wichtige Themen anregen. Denn gerade bei solchen schwerwiegenden Themen wie Depression ist das „drüber reden“ extrem wichtig und mit die beste Medizin. So wie auch das Schreiben, ein sehr heilsamer Prozess sein kann, nicht nur für die eigenen Wunden, sondern auch für die Wunden dieser Welt. Gerade im letzten Teil der Sammlung habe ich oft über Dinge geschrieben, die mich nicht unbedingt persönlich betreffen, aber dennoch beschäftigen, weil sie so wichtig sind, dass sie auf jeden Fall auch diese Bühne verdient haben. Damit noch mehr Menschen mitzufühlen, verstehen und sich solidarisieren.

Ich möchte zu einer Veränderung beitragen. Angefangen bei der Entstigmatisierung psychischer Krankheiten bis hin zu einer großen Veränderung, hin zu einem gesunden System. Ein System, das wir gemeinsam erdenken und gestalten sollten, in dem es normal ist, über Probleme zu reden und sich Hilfe zu suchen. In dem Gleichberechtigung gelebt und nicht nur gepredigt wird und in dem Rassismus keine Rolle mehr spielt.

Ein gesundes System und ein bewohnbarer Planet ist das, was wir unserer Nachwelt hinterlassen sollten. Ein hohes Ziel, ich weiß, doch wie sollte man besser starten als mit einer optimistischen Einstellung und einem Stift in der Hand?!

Genau so habe ich begonnen und die entstandenen Werke möchte ich hier mit euch teilen.

Viel Spaß beim Lesen <3

August 2022   Finn-Lennart Koglin

Anfangen

Hinaus in die Welt

16

Einblick in meine Seele

Lebendig wie das Meer

Wovon ich euch erzähle

Das freut mich wirklich sehr

Ich werde für euch schreiben

Es endlich einmal tun

Nicht mehr für mich nur bleiben

Und in Versenkung ruh'n

Hinaus geht's in die Welt

Und unter all die Leute

Was wer davon hält

Das kümmert mich zwar heute

Doch auch trotz dieser Angst

Denk ich schon an mein Morgen

Worum du heut noch bangst

Sind einmal grundlos Sorgen

Was bleibt sind gute Taten

Ein gut gemeintes Wort

Geschrieben kann es warten

Doch will es leben fort

Drum nehmt euch doch zu Herzen

Was ich euch sagen kann

Die Freude und die Schmerzen

Die teilen wir uns dann

Gemeinsam ist es leichter

Der Trübsal zu entflieh'n

Drum lese gerne weiter

Und lass Gedanken zieh'n

Neu erleben

Selbstausdruck in Kunstes-Form

Lässt mich freilich schweben

Sprengt die Fesseln, sprengt die Norm

Und lässt neu erleben

Aller Anfang

Aller Anfang ist leicht

Die Ideen die sprudeln

In Gedanken die dudeln

Kein Ende erreicht

Aller Rahmen ist schwer

Zu viele, so gute Gedanken

Die brauchen die richtigen Schranken

Wo nehm ich die her?

Aller Ende ist Wahrheit

Die Botschaft erstrahlt

Und innerlich zahlt

Der Geist aus die Freiheit

Vom Schreiben

Jeden Tag neu

Die Schönheit einer leeren Seite

Verlockend wie ein neuer Tag

Fragt sich nur, wie ich ihn beschreite

Und welchen Stift ich nehmen mag

Der Stift des Lebens - Willenskraft

Verändert wenig am Papier

Doch ist er's der Begegnung schafft

Durch Schwung und Kant' im jetzt und hier

Der Worte Wirkung mit bedacht

Fehlt selten nur des Schreibers Ziel

Selbst wenn er Themen geltend macht

Die nicht sein Genre oder Stil

Der Stift der Liebe - Leidenschaft

Beschreibt die schönsten Kurven

Mit seinen Linien voller Kraft

Lässt er den Gang nicht schlurfen

Die Vielfalt der Gedankengänge

Lässt bündeln sich in Kunstes-form

Ein Konter zum Geschrei der Menge

Fernab von Vorschrift oder Norm

Der Stift des Wandels - schwere Kost

Verdient sich die Bewunderung

Durch Zukunft, die dann aus ihr sprosst

Im Namen der Veränderung

Gelegenheit zu guten Taten

Die bringt uns, jeder neue Tag

Drum lasst uns nicht auf and're warten

Und jeder tun, was er vermag.

Regentag-Gedicht

Was machst du nur für ein Gesicht,

Vergiss doch mal das Denken.

Geh raus, genieß das Sonnenlicht,

Du kannst dein Leben lenken.

Du weißt schon wer dir Gutes tut,

Kontakt, den sollst du halten.

Drum raff dich auf mit frohem Mut,

Dein Leben zu gestalten.

Die Zeit allein, die nutzt du jetzt,

Mit Malerei zu starten.

Der Größenwahn dich nur verletzt,

Drum lass die Blöcke warten.

Im Med'ienschwall da find'st du nicht,

Ein Werk, das dich kann laben.

Nur in dir selbst ist reines Licht.

Der Sport verleiht dir Farben.

So stell an diesem Regentag,

Dich unter deinen Schirm.

Und deinen Kopf nicht auf die Waag',

Dann wirst du mit dir firm.

Ersetz doch mal die Grübelei,

durch eine Mütze Schlaf.

Gedanken sind jetzt einerlei,

Fang an, wir zähl'n die Schaf'

Werra-Tal-Gedicht

Schreiben, um des Schreibens willen

Tut nicht Not, das Hirn zu grillen

Drum schreib ich hier im Werra-Tal

Heut' auf der Couch zum ersten Mal

Einfach nur so vor mich hin

Weil ich doch recht müde bin

Das Fahrradfahren kostet Kraft

So wird hier nicht mehr viel geschafft

Mein Geist ist müd', weiß nicht wieso

Die Gedanken hier sind doch für's Klo

Und trotzdem, jetzt sind sie was wert

Da nicht umsonst, dies' Buch den Weg erschwert.

Gestrichene Schätze

Auch wenn es wie ihr alle wisst

Schon lange kein Papier mehr ist

Auf dem wir Künstler schreiben

So habt ihr doch in euren Herzen

Stets noch den Platz für unsre Schmerzen

Die Freude, Lieb und Leiden sind

Geschrieben am PC geschwind

Im Zweifel kann mans löschen

Es ist als wären die Versuche

Ganz ohne Makel oder Fluche

So schreibt sich oft mein Text dahin

Bis ich der Sache müde bin

Mir fehlen meine Fehler

Denn viel von den gestrichnen Sätzen

Das zähl ich heut zu meinen Schätzen

Beifang

Gedanken voller Tiefgang

Und ab und an ein Witz

Selbst kreativer Beifang

Kriegt ne Bedeutung spitz

Alltagsgedanken

Tagesdümpeln

Monotones Tagesdümpeln

Müsste mal den Geist entrümpeln

Oberflächlich! Laut doch still

Weiß nicht was ich sagen will

Erkenn nicht mehr, was vorn, was hinten

Renn immer in die gleichen Finten

In meinem alten Teufelskreis

Auch wenn ich es doch besser weiß

Maladaptiv?!?

Die schöne neue Klarheit

Kommt vor dem nächsten Traum

Die immer gleiche Wahrheit

Erzielt Wirkung kaum

Mein Herz beginnt zu sehnen

Zur Sonne sich zu dehnen

Die es in deinen Augen sieht

Was viele Träume nach sich zieht

Der Geist lässt sich berauschen

Das Trugbild auszutauschen

Das ich von einer Liebsten habe

An dem ich mich im Dunklen labe

Verknüpft mit dieser Illusion

Seh' ich uns fest zusammen schon

In einer heilen Welt

Die jedem so gefällt

Doch ist mir klar, dass durch die Träume

Mein eig'nes Leben ich versäume

Drum üb ich mich in inn'rer Ruh'

Und lass den nächsten Traum nicht zu

Routine

Wenn Arbeit zur Routine wird

Dann schaltet etwas unbeirrt

In meinem Kopf die Lichter aus

Und lässt die bösen Geister raus

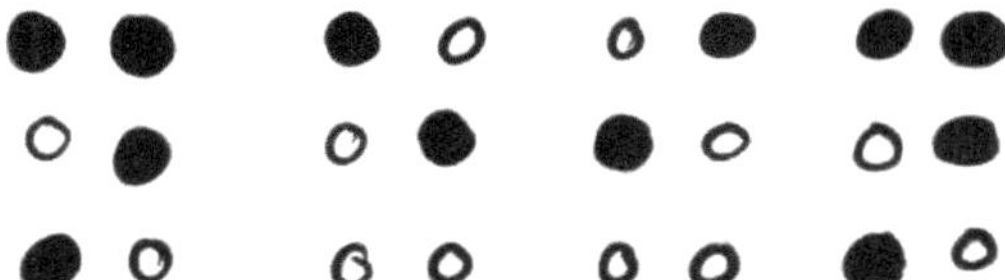

W-Fragestunde

34

Was fühlt sich richtig an

Und was eher nicht

Wann ist die Liebe dran

Und wann das Gesicht

Wo wird das Fest gefeiert

Und wo find ich dich

Wer bleibt mir stets verschleiert

Und wer leitet mich

Wie sieht die Zukunft aus

Und wie meine Seele

Wozu gibt es Applaus

Und wozu Krakeele

Warum sitze ich noch und schreibe

Und warum gibt es Schmerz

Woran hat die Seele Freude

Und woran hängt mein Herz

Melancholische Philosophie

Entkomme ich heute der Monotonie

Mit Sport und Bewegung gelingt es mir oft

Versuch es beizeiten mit Philosophie

Dann kommen mir Lösungen, ganz unverhofft

Verliere mich gerne in Melancholie

Die Seele treibt fröhlich in lieblicher Trance

Zwar zeigt sich der Sinn meines Lebens wohl nie

Doch ist jede Frage auch immer ne Chance

Das Ziel des Spiels des Lebens

Wenn du dir wünschst

Am Zug zu sein

Dann mach dich an die Arbeit

Erkenn dich selbst

Und häng dich rein

Dann bist du bald schon soweit

Doch nicht zu viel

Sonst kommt der Druck

Und lässt dich nicht mehr schlafen

Zu groß das Ziel

Drum auf und guck

Nach einem sich'ren Hafen

Doch nicht bei mir

Das wär zu leicht

Und niemals ganz dein Eigen

Denn nur in dir

Ist das was reicht

Selbstliebe kann's dir zeigen

Ein sehnendes Herz

Verlangen

Die Hoffnung das mein Herze schweigt

Wenn ich es nur beschalle

Die Wahrheit ist, wie es sich zeigt

Versunken in dem Schwalle

Das Herz, es möchte laut verkünden

Was es auch immer fühlen mag

Der Geist versucht bloß zu ergründen

Was immer schon im Innren lag

Doch viel zu oft gelingt es nicht

Weil Zweifel sich einschleicht

Die Seele schweigt im Angesicht

Der Flut die sie erreicht

Das Herz, es möchte laut verkünden

Was es auch immer fühlen mag

Der Geist versucht bloß zu ergründen

Was immer schon im Innren lag

Verzehren

Ich kanns mir nicht verwehren

Aufs Neue zu begehren

Auch wenn ichs unterlassen sollte

So ist was der Verstand mir wollte

Nur schwerlich, leider umzusetzen

Ich werde mich nur selbst verletzen

Und nachher wieder Wunden lecken

Mich vor dir und mir selbst verstecken

Für mich bist du so, wie nur du für mich bist

Der perfekte Traum, den man immer vermisst

Ich kanns mir nicht erklären

Warum wir uns verzehren

Nach Leuten denen wir egal

Mit Abstand nicht mal zweite Wahl

Und niemals wirklich gut genug

Beachtet nur durch Schein und Trug

Dann wenn man sich ganz so verstellt

Dass man sich nicht mehr selbst gefällt

Für mich bist du so, wie nur du für mich bist

Der perfekte Traum, den man immer vermisst

Ich werd mich entscheiden

Nicht mehr so zu leiden

Auch wenn es erstmal schwer

Da auch noch nicht so lange her

Dass ich für dich gestorben wäre

Doch heute ist mir meine Ehre

Mehr wert als dieser schale Traum

Drum biet ich dir nie wieder Raum

In meinem Kopf und meiner Seele

Weshalb ich mir ab heut befehle

Für mich bist du so, als wärest du nicht

Nur ein blasser Schatten, in meiner Geschicht'

Das Drängen der Triebe

Gedanken, so flüchtig

Zu schnell für die Liebe

Am Ende da bleibt nur

Verlangen und Triebe

So nervig und quälend

Das Sehnen und Drängen

Ich würde viel lieber

Die Fesseln erst sprengen

Bevor ich versuche

Bei Frauen zu landen

Die ich schon immer

Als gleichwert verstanden!

Daran halt ich fest!

Ich verlass nicht die Spur

Auch wenn es scheits gegen

Die tier'sche Natur

Die würd' mich gern treiben

In jeder Frau Arme

Doch wird es noch dauern

Bis ich mich erbarme

Es kommt auf die richtige

Einstellung an

Nur so kommt für mich

Auch die Libido dran

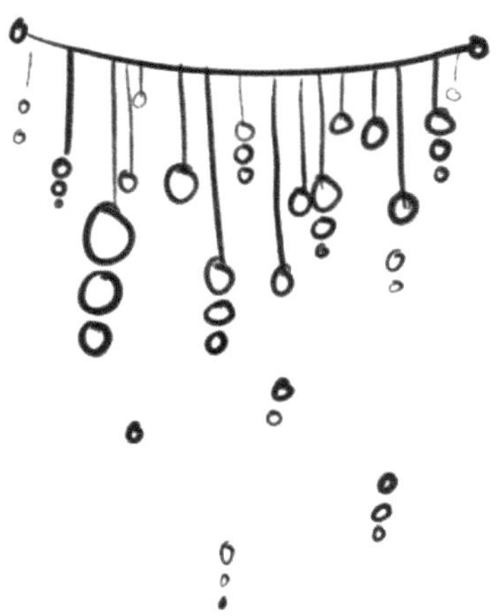

Endlich

Endlich mal den Hass verdrängen

Sich nicht daran die Seel' versengen

Endlich mal den Job vergessen

Und auch ganz privat nicht stressen

Endlich mal relaxen

Endlich einmal Freiheit fühlen

Ohne Angst ein Mehr umspülen

Endlich wird die Sehnsucht finden

Den Moment, um zu verschwinden

Auf nimmer, nimmer wiedersehen

Endlich mit der Liebe starten

Statt nur auf den Tod zu warten

Endlich wieder Himmel sehen

Im Sturm der Welt nicht untergehen

Endlich einmal frei sein

Endlich einmal lässt sich sagen

Das ich es, im Ernst kann wagen

Endlich auf dich zuzugehen

Kann uns schon zusammen sehen

Sag an, gehst du mit mir?

Sehnendes Herz

Ein Herz bedrängt von Kleinigkeiten

Schlägt weiter auch in Qual

Der Geist verirrt in fernen Weiten

Der Ausweg scheint zu schmal

Will endlich mal nach vorne schauen

Und nicht mehr nur zurück

Mich aus den engen Kleidern trauen

Und fliegen hin zum Glück

Will endlich mal nen Rhythmus finden

Und nicht des Nachts dem Tag entflieh'n

Die alten Laster überwinden

Und frei die eig'nen Kreise ziehn

Will endlich mal zur Ruhe kommen

Und mich dabei nicht einsam fühl'n

Der Geist ist oft gar zu benommen

Und kann sich nur durchs Chaos wühl'n

Depression

Leere

Ich fühle mich wieder

Als wäre die Leere

Im Inneren zu groß

Als ringt sie mich nieder

Selbst wenn ich mich wehre

Ich werd sie nicht los

Hundert witzige Gestalten

Depressive Grundtendenz

Hindert stetig die Essenz

Des Lebens am Entfalten

Und hundert witzige Gestalten

Vermögen nicht uns Kund zu tun

Wo wahre Lebensfreuden ruhn'.

Flucht

54

Geflüchtet in die Welt der Träume

Mir Egal was ich versäume

Die eig'ne Zukunft ungewiss

Vor irgendwas hat jeder Schiss

Doch ist es nicht wie viele Denken

Der Tod, würd' Freude mir nur schenken.

Schon wieder Suizid-Gedanken

Der Turm beginnt, Gefahr! Zu wanken

Obwohl ich mir's hab vorgenommen

Sind Herz und Geist noch eingenommen

Kann die Gedanken nicht verbannen

Die die Teufel mir ersannen

Schwur

Heut fühl ich mich dank Therapie

Geborgen und so frei wie nie

Die Krankheit wird nie ganz verschwinden

Will trotzdem einen Abschluss finden

Drum schwör ich mir an diesem Tage

Dass ich es auch gar niemals wage

Mir selber etwas anzutun

Und lasse den Gedanken ruhn

Gedanken schweben lassen

Gedanken die ich lenke

Die kosten stetig Kraft

Und immer, wenn ich denke

Ich hätte es geschafft

Ergibt sich eine neue Qual

Sie formt sich in Gedanken

Wie viele sind es an der Zahl

Die um die Seel' sich ranken?

Egal wie viele, werd sie los!

Fang an zu meditieren

Der Kern der Sache ist zu groß

Um ihn hier zu studieren

Den Fokus auf das Jetzt und hier

So lässt es sich gut leben

Verbiete nicht das Denken dir

Und lass es einfach schweben

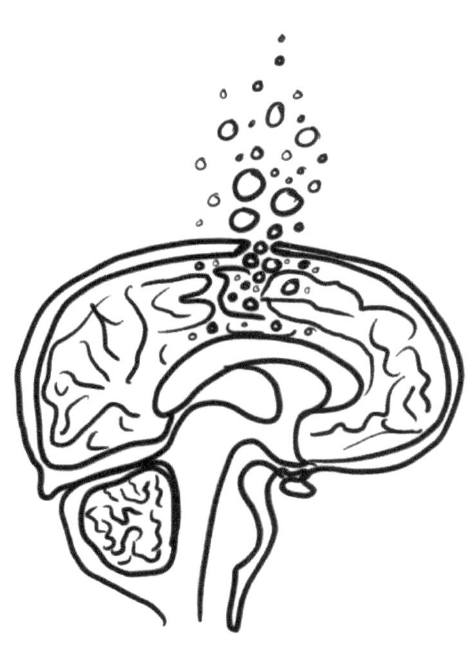

Glaube

Bewerbung an die Anderwelt

Bewerbung an die Anderwelt

Weils mir hier nicht mehr gefällt

Möchte ich gern weiterziehen

Auf in ferne Galaxien

Ich hoffe dort auf bess're Zeiten

In der Freunde mich begleiten

Und die Sterne günstig steh'n

Um dich, Gott mal live zu seh'n

Bewerbung an die Anderwelt

Weils mir hier nicht mehr gefällt

Drum leit mich doch zur vollen Stund

In den ewgen Himmelsgrund

Wag viel zu träumen, viel zu hoffen

Doch im Grund' bin ich ganz offen

Was auch immer du gedenkst

Welche Zukunft du auch schenkst

So werd ich meine Wege gehen

Bis wir dich dann im Lichte sehen

Selbst wenns mir manchmal nicht gefällt

Auch vorerst noch in dieser Welt

Entscheidung fürs Leben

Entscheidung, dagegen!

Erfüllung? Von wegen

Genesung hingegen

Die bahnt sich auf Wegen

Nur Gott weiß von wo

Und wird wohl noch schweigen

Den Pfad mir nicht zeigen

Drum geh ich mein eigen

Am End' wird er's neigen

So wie es halt soll

Und bis ich darf schauen

Die Himmlischen Auen

Will ich auf ihn bauen

Entschieden vertrauen!

Mein Gott weiß den Weg.

Plagendes Sehnen

Geheuchelt Selbstbewusstsein

Bin kaum so selbstbewusst, nein

Und Worte; Schall und Rauch

Die Taten tun es auch

Sich einfach nur vermehren

Ganz ohne zu erklären

Worin die Sehnsucht liegt

Nach der die Seel sich biegt

Die Zeit wird weiter streichen

Der Geist späht nach dem Zeichen

Das Freiheit mit sich bringt

Egal ob ihm der Sprung gelingt

Nur wunderbare Zeit ohn' Zeit

Von dem Moment in Ewigkeit

Kaum vorzustellen, dieses Glück

Dann wenn wir kehr'n zu dir zurück

Das ist ja alles schön und gut

Zur Hoffnung fehlt mir nicht der Mut

Doch ehrlich muss ich sagen

Das Hoffnung auch kann plagen

Der Ansatz ist nur gut gemeint

Doch dies ist wie es logisch scheint:

Die Liebe zur Dreieinigkeit

Gelingt nur durch Zweigleisigkeit

Die Seele keine Stunden kennt

Weshalb man sie auch "zeitlos" nennt

Drum wär es also Gott zuwider

Nutzten wir die Stunden lieber

Ohn' Sehnen zu verbringen

Und freudig ihm zu singen

"Ich danke dir, dass ich wohl werde

Noch lange leben auf der Erde"

Aktivismus

Verletzte Welt

Im Hier und Jetzt,

Es ist als wenn,

So sag mir denn,

Bist du verletzt?

Verletzt bist du

Ich seh's dir an

Nur zu, nur zu

Jetzt bist du dran

So kann man's seh'n

Ich glaub nicht dran

Gibt es noch wen

der's anders kann?

Im Hier und Jetzt

Um Hass und Geld

Geht's in der Welt

Sie ist verletzt!

Waffenhunger

Hunger füttert viele Waffen

Ohne Gnade ausgewählt

Kinder, um Gewalt zu schaffen

Wo kein Wort der Liebe zählt

Warum tolerieren

Und fördern wir noch

All die, die so gieren

Bei Heckler und Koch

Warum geh'n uns Kriege

So wenig zu Herzen

Es gibt keine Siege

Nur Opfer und Schmerzen

Wir brauchen nen Wandel

In unsrem System

Drum stoppt Waffenhandel

Und löst das Problem

Rassismus Verstehen

Rassismus wächst in vielen Köpfen

Wuchert, da von Angst erfüllt

Ein Geist kann wenig Einsicht schöpfen

Solange er von Hass umhüllt

Rassismus sorgt für viele Wunden

Schadet dort, wo's Freundschaft braucht

Denn Frieden wird nur dort gefunden

Wo man in Kultur eintaucht

Verständnis heißt das Wort der Stunde

Gepaart mit Liebe und Respekt

Schon im Gesetz liegt dies zugrunde

Vor dem sich niemand hier versteckt

Verständnis auch für dein Erleben

Das niemals wird zur Akzeptanz

Ein Ziel nachdem wir alle streben

Das auch du lebst in Toleranz!

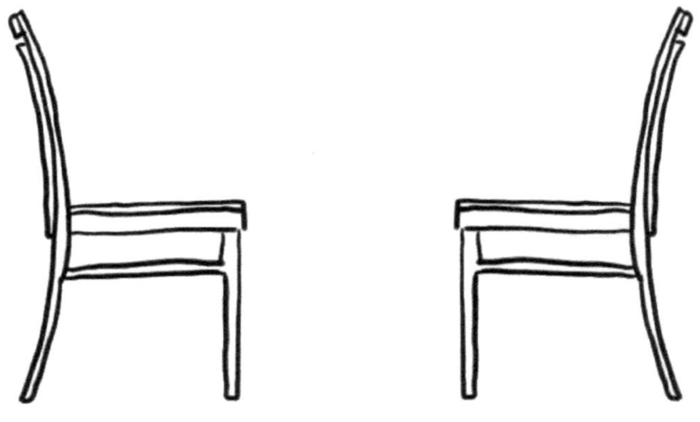

Gendern

Ohne diese Machtstrukturen

Könnten wir was ändern

Im Angesicht der Hassfiguren

Starten wir das Gendern

Einfach nur, um klar zu zeigen

Das wir solidarisch stehen

Nicht mehr leise schweigen

Mit denen die sonst untergehen

Nein heißt nein

Vertrauen wird zu oft gebrochen

Die Macht wird deutlich durch Gewalt

Danach wird sich dann schnell verkrochen

So läuft es, bis es richtig knallt

Ein Nachbar kriegt es mit, ein Freund

Erkennt den Ernst der Lage

Doch fühlt er sich zu eingezäunt

Von Freundschaft und der Frage

Was macht das wohl mit seinem Ruf

Und was mit seiner Ehre

Ist er nicht so wie man uns schuf

Ganz nach der alten Lehre?

Die Antwort, die ist leider ja

Doch muss es nicht so bleiben

Denn Menschlichkeit wird offenbar

Wenn wir den Scheiß austreiben

Denn es ist nie okay gewesen

Sind wir nicht schon viel weiter?

Sind lang mehr keine tier'schen Wesen

Doch wenigstens vom Geist her

Denn es bedeutet Mensch zu sein

Es endlich zu kapieren

Dass Stopp heißt Stopp und Nein heißt Nein

Fangt an zu respektieren

Das Weltveränderer Gedicht

Ich kann es kaum erwarten

Denn heute woll'n wir starten

Die Dinge in die Hand zu nehmen

Wir wagen uns an wicht'ge Themen

Wir reden über das was schief läuft

All das, was sich so anhäuft

Und wie wir es verändern

Hier und in allen Ländern

Das Klima, Pflege und Me-too

Erledigt sich nicht so im nu

Wir brauchen starke Helden

Die sich zum Kampfe melden

Der Kampf gegen die Lobbyisten

So wichtig wie gegen Rassisten

Denn beide haben nicht kapiert

Wie es ab heut' nur funktioniert

Die Welt wird vor die Hunde gehen

Wenn wir nicht in den Spiegel sehen

Uns fragen was wir wirklich brauchen

Bis uns uns're' Köpfe rauchen

Kraftwerke aus, mehr Köpfe an

Jetzt sind mal die Menschen dran

Die das System bis jetzt gefressen

Im Kampf um eure Macht vergessen

Denn später, kann ich euch versprechen

Da wird sich uns're Erde rächen

Doch nicht an euch, ihr seid dann tot

Und uns verbleibt die Welt in Not

Kommt mit auf die Straße!

Wenn wir heute nicht an morgen denken
Dann könn' wir uns die Zukunft schenken

Drum geh'n wir heute demonstrier'n
In unsre Zukunft investier'n

Und nicht wie ihr in Gas und Kohle
Sonst schmelzen uns nicht nur die Pole

Sonst müssen wir uns einmal sagen
Das wir die Scheiße mitgetragen

Die sich um uns zusammen Braut
Drum schreien wir die Worte laut:

Kraftwerke aus, mehr Köpfe an
Jetzt ist unsre Zukunft dran!

Straßenfest

Gemeinschaft nach der Pandemie

Befreit den Geist wie Therapie

Nach jahrelangem Schweigen

Darf man sich wieder zeigen

Erzählen und mal Neues hören

Ohne dass uns Masken stören

Nicht mehr immer Abstand halten

Und mit Mut den Tag gestalten

Neue Leute kenn'zulernen

Hilft dabei sich zu entfernen

Von den großen Weltproblemen

Die wir uns zu Herzen nehmen

Erzählen und mal Neues hören

Ohne dass uns Masken stören

Nicht mehr immer Abstand halten

Und mit Mut die Welt gestalten

Dabei ist ein Jeder wichtig

Und macht man es im Kleinen richtig

Darf man sich auch mal ausklinken

Und in Ruh' nen Bierchen trinken

Prost!

Erst der Beginn

79

Das Ende birgt Bestätigung

Sobald das Buch gefüllt

Besteht Chance auf Erneuerung

Gedanken froh entmüllt

Sich kreativ verwandeln

Ist was ein jeder kann

Probleme zu behandeln

Gemeinsam geh'n wir's an

Wir denken manches weiter

Egal ob Freud, ob Leid

So fällt das Leben leichter

Sag an, bist du bereit?

Gedanken die ich spende

Sind hoffentlich Gewinn

Denn dies ist zwar ein Ende

Und doch erst der Beginn

Danksagung

Mein erster Dank gebührt dir, für deine Wertschätzung, die du mir und meiner Kunst entgegengebracht hast. Ich hoffe meine Gedichte haben dir gefallen.

Darüber hinaus möchte ich all den Menschen danken (es wären zu viele, um sie hier alle aufzuzählen), die mir in den letzten Jahren dabei geholfen haben, wieder auf die Beine zu kommen, egal ob bewusst, oder unbewusst, durch ihre Freundschaft, ein Lächeln zur richtigen Zeit oder ein stilles Gebet.

Denn… Ja es hilft mir, mich künstlerisch mit meinen Problemen auseinanderzusetzen. Aber noch viel mehr hilft mir ein jeder Einzelne, der sich verständlich zeigt, mitfühlt und mich so akzeptiert wie ich bin.

Diese Erfahrung wünsche ich einem jeden, der die Kraft aufbringt sich zu öffnen.

Denn wenn es um psychische Probleme geht, ist das Beste, das man tun kann, sich Hilfe zu suchen. Lass dir von niemandem, vor allem nicht von dir selbst, etwas anderes sagen!

Außerdem danke ich allen, die mir bei der Umsetzung dieses Buchs geholfen haben.

Es freut mich sehr, dass ich das Projekt mit der Hilfe von meinen allerliebsten Menschen umsetzen konnte.

Als erstes ist da meine Schwester Sina zu nennen. Vielen Dank für die wunderschönen Zeichnungen, die meine Gedichte hier ergänzen und die der ganzen Sammlung, zusammen mit dem Cover nochmal ein ästhetischeres Äußeres verleihen.

Meiner Schwester Jette danke ich für das schöne Foto, das ihr auf der nächsten Seite begutachten könnt.

Ich danke meinem Vater Volker, fürs Korrekturlesen der Gedichte und meiner Mutter Wiebke dafür, dass sie mir bei der Umsetzung beratend zur Seite stand.

Der Dank an meine Eltern geht jedoch noch weit über dieses Projekt hinaus, denn ohne sie wäre das alles nicht möglich gewesen.

Über den Autor

Finn-Lennart Koglin wurde am 26.10.1997 in Crivitz geboren und wuchs in Harsefeld im Landkreis Stade (Niedersachsen) auf. Momentan studiert er Medienwissenschaften und Komparative Theologie an der Universität Paderborn.

(Foto: Jette Koglin)

Wenn du mit mir in Kontakt treten möchtest, schreibe mir gerne eine Mail an finnlennartspace@gmail.com.

Ich bin gespannt und freue mich auf Feedback oder sogar Gedichtinterpretationen von meinen Werken. Gerade letztere eröffnen ganz neue Sichtweisen, weil oft Leser*innen meine Werke ganz anders interpretieren als ich selbst. Was etwas sehr Schönes ist, weil so das Gedicht für sich steht und einen Sinn hat, auch über seinen Ursprungssinn hinaus.

Wenn du darüber hinaus noch mehr von mir erfahren und auf dem Laufenden bleiben möchtest, kannst du mir gerne unter @finn_lennart auf Instagram folgen.